NOTICE

SUR

M. BLANCHARD

VICAIRE DESSERVANT DE VIREAUX

DÉCAPITÉ A LANGRES LE 12 JUIN 1793

PAR L'ABBÉ JOBIN

CURÉ DE MOLAY

SENS

IMPRIMERIE DE Ch. DUCHEMIN

RUE ROYALE, 49.

1867

AVANT-PROPOS

Une notice n'était plus à faire sur M. l'abbé Blanchard. L'annuaire du département de la Haute-Marne en a d'abord publié une, exacte, mais courte, pour l'année 1811.

En 1861, M. l'abbé Caillet, du diocèse de Langres, en a fait imprimer une seconde, beaucoup plus détaillée, qui, outre le talent de narrateur, accuse des recherches aussi actives que consciencieuses.

Je n'aurais nullement songé à en faire une troisième, si M. le directeur de la *Semaine religieuse* de Sens ne m'y eût engagé, afin d'en faire part à ses lecteurs. La première, ne contenant que quelques pages, était trop brière ; la seconde, au contraire, était trop longue pour être reproduite dans une revue.

Après avoir donc recueilli tous les documents que j'ai pu trouver, j'ai essayé de les réunir dans un récit qui ne fût ni trop concis, ni trop étendu. Je ne sais si j'ai réussi ; le lecteur jugera ; mais si je n'obtiens pas le suffrage de son approbation, il ne me refusera pas, je l'espère, le bénéfice de son indulgence.

Molay, le 8 mai 1867.

J. J. JOBIN,
curé de Molay.

NOTICE

sur

M. BLANCHARD

I.

Naissance de M. Blanchard. — Sa vocation. — Ses débuts dans le saint
ministère. — Fermeté de sa conduite.

A une petite lieue de Langres, sur le territoire de Peigney, se trouve
une métairie du nom de Cordamble. C'était primitivement un prieuré de
Saint-Augustin, et il y avait une chapelle dédiée à saint André.

C'est là que Nicolas Blanchard vint au monde, le 11 octobre 1756. Son
père se nommait Claude Blanchard et sa mère Claudette Lallemand. La
piété était héréditaire dans cette maison, mais non la richesse. Pour
nourrir une famille de sept enfants, ils n'avaient guère que les ressour-
ces d'un travail infatigable.

Comme ses père et mère, Nicolas Blanchard cultiva la terre pendan
la plus grande partie de sa jeunesse. Ce ne fut que dans un âge déjà
avancé, qu'il se décida à suivre l'attrait qui le portait à l'état ecclésias-
tique et à faire ses études. Ses parents s'opposèrent d'abord vivement à
sa vocation, parce qu'ils craignaient de ne pouvoir en supporter les dé-
penses. Mais la volonté ferme et persévérante du jeune Blanchard triom-
pha de leur opposition ; et Dieu qui l'avait choisi pour en faire son
ministre suscita des âmes charitables qui leur vinrent en aide.

Un jugement droit, un travail ardent lui eurent bientôt acquis la
science nécessaire. Élevé au sacerdoce en 1786, il fut d'abord envoyé à
Rolampont, comme vicaire commensal du curé de ce village, puis à
Colombey-les-deux-Églises. Trois ans plus tard, en 1789, ses supérieurs
le nommèrent vicaire desservant de Vireaux dans le Tonnerrois.

Une foi vive et agissante, un zèle plein d'énergie et de générosité

marquèrent les débuts du jeune prêtre dans l'exercice du saint ministère.

On était alors à la veille de cette grande révolution qui devait boule-
verser la France et la couvrir de sang et de ruines. Arriva 1790 avec cette
fameuse *Constitution du Clergé*, qui établissait un schisme entre l'Église
gallicane et l'Église romaine. Tous les prêtres français reçurent ordre
d'y prêter serment de fidélité. M. Blanchard ne refusa pas de le prêter,
mais dans des termes qui n'engageaient en rien sa conscience. Ce serment qu'il prononça devant toute la paroisse, nous a été conservé; le
voici :

« Je jure de veiller avec soin sur le peuple qui m'est confié par
« l'Église, d'être fidèle à la nation, à la loi et au roi; de soutenir la
« constitution décrétée par l'Assemblée nationale et acceptée par le roi,
« exceptant formellement le spirituel, c'est-à-dire tout ce que ladite
« constitution pourrait renfermer de contraire à la religion catholique,
« apostolique et romaine, dans laquelle j'ai toujours vécu, et dans la-
« quelle, avec la grâce de Dieu, je veux mourir, et pour laquelle je
« donnerais, s'il le fallait, jusqu'à la dernière goutte de mon sang,
« l'Écriture m'ayant appris qu'il faut *obéir à Dieu plutôt qu'aux*
« *hommes.* »

On touchait à une époque de schisme et de persécution ; il était urgent
d'éclairer les fidèles sur les dangers qui menaçaient leur foi. M. Blanchard n'y manqua pas; il leur distribua vingt maximes imprimées qui
étaient autant de règles de conduite pour ces temps difficiles. Il ne crai-
gnit pas de dire publiquement qu'on ne devait avoir aucun rapport en
matière religieuse avec les prêtres qui avaient prêté serment à la constitution, sans les restrictions convenables ; qu'on devait éviter d'assister
à la célébration de la messe par eux, prendre garde de recevoir les sa-
crements de leurs mains, etc.

II.

**Duplicité de M. Hodet, prêtre jureur. — Ses lettres au procureur syndic de
Tonnerre. — M. Blanchard est dénoncé, pris et jeté en prison.**

M. Blanchard, comme vicaire de Vireaux, dépendait de M. Hodet,
curé de Lézinnes. Ce dernier était du petit nombre de ceux que l'histoire
a justement flétris du nom de *prêtres jureurs* ; il avait juré sans aucune
restriction. La conduite ferme et courageuse du vicaire était un blâme
public et permanent de la coupable faiblesse du curé. M. Hodet le sentit;

mais en homme habile il dissimula son ressentiment. M. Blanchard était aimé et vénéré dans sa paroisse ; il n'eût pas été prudent de l'attaquer ouvertement. Le curé jureur eut recours aux armes ordinaires des mauvaises causes : à l'hypocrisie et à la ruse. En public, il faisait l'éloge de son vicaire ; il disait à qui voulait l'entendre qu'il était content de lui, qu'il ne songeait nullement à en demander un autre, etc. Mais en secret il s'occupait activement de se débarrasser d'un homme dont la vertu l'importunait. Des lettres qu'on a retrouvées mettent à jour la perfide duplicité du curé de Lézinnes.

Le 27 mai 1791, il écrivait à M. le procureur syndic de Tonnerre : « J'ai pris le parti de m'adresser à monseigneur l'évêque de Sens, le « suppliant de remplacer M. Blanchard. J'attends l'honneur de sa ré- « ponse en m'envoyant un sujet. »

Régulièrement, M. Hodet n'eût pas dû s'adresser à l'évêque de Sens, mais bien à celui de Langres ; car Lézinnes et Vireaux dépendaient alors de l'évêché de Langres. Mais l'évêque de Sens était l'un des quatre prélats jureurs et constitutionnels ; et l'on comprend les préférences du curé jureur. Toutefois ses espérances ne furent point remplies. Le nombre des prêtres qui avaient juré était relativement faible, et il n'était pas facile d'en envoyer partout où l'on en demandait.

Une seconde lettre du 16 juillet, adressée au même, constate cette déception. Après avoir dit qu'il n'avait pu trouver de sujet pour Vireaux, M. Hodet continue ainsi :

« Le jour de la fédération, on s'est servi, contre ma volonté, de M. « Jobard, ci-devant vicaire de Noyers et *réfractaire*. J'ai appris qu'il « se proposait de venir demain, 17 courant, pour la desserte de ladite « paroisse de Vireaux. Je vous prie de donner des ordres à la munici- « palité pour empêcher que la paroisse ne soit desservie par ce monsieur « ou par tout autre du même sentiment. *Ne me croyez pas capable de* « *favoriser les inconstitutionnels, mais au contraire de contrarier* « *leurs sentiments.*

Quelle belle et courageuse protestation de dévouement ! Comme cela sied bien à un prêtre !

M. Hodet aimait à écrire à M. le procureur syndic et tenait sans doute à mériter ses bonnes grâces. Dans une troisième lettre qu'il lui fit remettre le 9 mars 1792, il commence par protester de son entière obéissance aux ordres qui lui sont envoyés, puis il ajoute : « Ma lettre « conforme à l'arrêté du département, adressée à messieurs les officiers « municipaux, a été lue hier 8, à la suite de la prière du soir, en pré- « sence du plus grand nombre des habitants, au sieur Blanchard qui a « dit ne vouloir s'y conformer, ni remettre à M. le procureur fabricien « les clefs de la sacristie, disant qu'il n'a pas le droit d'en faire la répé- « tition, qu'il ne craignait ni administrateur ni curé, et qu'il tiendrait « malgré eux jusqu'au bout. Après ce début, il a fait l'éloge des prêtres

« *insermentés ;* éloge qui doit fixer l'attention de l'*accusateur public.*
« Ces messieurs chargés de ma lettre vous instruiront plus que je ne
« saurais le faire. Si la paroisse de Vireaux n'est pas purgée d'un pareil
« sujet, ce n'est pas ma faute. J'ai employé et j'emploierai pour cela
« tous les moyens qui sont en mon pouvoir. Ne m'en voulez point si je
« ne réussis pas, et soyez sûr que personne n'est plus attaché que moi
« à la constitution. »

Comme M. le procureur syndic devait être heureux d'avoir rencontré
un prêtre si dévoué, si soumis, si fidèle, si attaché ! Et ce prêtre était en
même temps en révolte contre l'autorité de l'Église, sa mère ; ce prêtre
foulait aux pieds la dignité de son sacerdoce et se faisait secrètement le
persécuteur de l'un de ses plus jeunes confrères !

M. le curé de Lézinnes trouva dans la municipalité de Vireaux des gens
tout prêts à le seconder. Trois des conseillers municipaux se chargèrent
de dénoncer leur pasteur au procureur syndic de Tonnerre. Voici le
texte de cette dénonciation qui, selon toute probabilité, fut écrite sous
les yeux et sous la dictée de M. Hodet :

« Dans les circonstances où nous nous trouvons, nous croyons devoir
« recourir à votre justice, vous demander quel moyen nous devons em-
« ployer pour empêcher les troubles qu'un prêtre fanatique cherche à
« exercer dans notre paroisse, qui a joui jusqu'à présent de la tranquil-
« lité la plus parfaite. La municipalité de Vireaux, à la réquisition de
« M. Jean-Baptiste Hodet, curé de Lézinnes, qui lui a remis une lettre
« en date du 8 mars présent mois, dans laquelle il prie le corps muni-
« cipal de sommer le sieur Blanchard, son vicaire à Vireaux, de vider la
« maison qu'il habite, en exécution de l'arrêté du département qui
« commet le sieur curé de Paci (prêtre jureur) pour remplir momenta-
« nément ses fonctions, prie honnêtement, etc. »

Le reste de la lettre ne contient que ce que nous avons déjà vu, c'est-
à-dire le refus de M. Blanchard d'obtempérer aux ordres du conseil
municipal.

Le 16 du même mois, M. le procureur syndic lançait un mandat
d'amener ; et, le même jour, M. Blanchard était saisi et emmené par deux
gendarmes de Tonnerre. Placé d'abord dans une maison d'arrêt de cette
ville, il fut, quelque temps après, transféré dans les prisons d'Auxerre.

Cependant, M. le curé de Lézinnes et messieurs les conseillers municipaux cherchaient à mettre à couvert leur odieuse complicité. Exté-
rieurement ils déploraient l'arrestation du jeune prêtre, ils s'apitoyaient
sur son sort et s'en montraient fort attristés.

Il est juste de dire que ces municipaux avaient été choisis par la
Convention, et l'on sait comment cette assemblée choisissait ses
hommes.

III.

Son évasion. — Activité de son zèle.

Un pieux stratagème servit à délivrer M. Blanchard de sa prison. C'était au mois d'octobre 1792. Une de ses sœurs, qui restait avec lui à Vireaux, l'avait suivi à Auxerre et trouva le moyen de pénétrer jusqu'à lui. Malgré la surveillance des gardes, elle put lui glisser une ficelle dans la main, et lui dire à l'oreille de se tenir prêt pendant la nuit suivante. En effet, à onze heures du soir, elle était au pied du mur de la prison. M. Blanchard lui jeta un bout de sa ficelle et la retira bientôt avec une corde que sa sœur y avait attachée. Quelques instants après, le captif, glissant le long de la corde, tombait à terre les mains ensanglantées et tout étourdi de sa chute ; mais il était libre et pouvait s'enfuir.

Des chiens qui avaient entendu le bruit aboyaient à grands cris ; heureusement le geôlier n'en fut point éveillé ou n'y fit point attention.

Echappé à un danger, M. Blanchard faillit tomber dans un autre. A peine était-il revenu à lui-même qu'une patrouille vint à passer ; il eût été infailliblement repris, si sa sœur, le prenant dans ses bras, ne l'eût tiré à l'écart et sauvé une seconde fois.

Revenu secrètement dans sa famille, ce prêtre zélé ne demeura pas inactif. Les paroisses voisines n'avaient plus de pasteurs ; la terreur révolutionnaire les avait dispersés, jetés en exil ou dans les prisons, ou fait périr sur l'échafaud. M. Blanchard parcourait successivement ces paroisses, portant partout où on l'appelait les secours de son ministère. Tantôt il administrait le baptême à des enfants nouveau-nés ; tantôt il bénissait l'union de jeunes époux ; tantôt c'étaient des âmes pénitentes qu'il réconciliait avec Dieu ; tantôt c'était le saint sacrifice qu'il célébrait en secret au milieu d'un petit nombre de personnes sûres et fidèles. Mais les malades étaient surtout l'objet de ses soins vigilants. Il avait coutume de dire : « Pour administrer un mourant, j'irais jusqu'aux portes de l'enfer. »

Un jour, on vint lui dire qu'un homme l'avait réclamé avant de mourir ; mais qu'on n'avait pas osé l'avertir, parce que ce mourant était gardé par des patriotes. « Ah ! dit-il, en jetant un profond soupir, il fallait toujours m'avertir ; je me serais déguisé en mendiant ; j'aurais pénétré jusqu'au mourant, malgré les gardes, et je l'aurais administré ! »

Pour faire ses courses, M. Blanchard prenait toutes les mesures recommandées par la prudence, et se cachait ordinairement sous le costume militaire. Mais, du reste, aucun obstacle ne l'arrêtait, ni l'obscurité de la nuit, ni la profondeur des bois, ni la difficulté des chemins.

IV.

La démocratie à la recherche de M. Blanchard. — Il est découvert.

Cependant, M. Blanchard était l'objet de recherches actives et multipliées. On avait envoyé d'Auxerre à Langres son signalement avec la nouvelle de son évasion. Les patriotes faisaient pour le découvrir de fréquentes visites domiciliaires ; et, plus d'une fois, le bon prêtre faillit être surpris. Un jour entre autres les patriotes cernèrent une maison, pendant qu'il administrait un malade ; mais ils avaient oublié de garder par derrière une petite fenêtre, et M. Blanchard put se sauver.

Mais le généreux confesseur ne devait pas toujours leur échapper, et il en avait le pressentiment. Un jour il disait à sa sœur aînée : « Quant à moi, ils (les patriotes) me prendront, me jetteront dans les fers et me guillotineront. » Cette terrible perspective ne l'effrayait point. Il refusa de l'argent que des personnes charitables lui offraient, afin qu'il pût s'enfuir de France et mettre ses jours en sûreté par l'exil. Parfois, on l'entendait s'écrier : « Oh ! je n'aurai pas tant de bonheur que de donner ma tête pour ma foi ! »

Au commencement du mois de juin 1793, M. Blanchard se trouvait à une ferme appelée la *Tuilerie*, près de Neuilly-l'Évêque. Il y avait aussi, dans cette ferme, plusieurs jeunes gens qui se cachaient pour se soustraire au service militaire. L'un d'entre eux, nommé Rossignol, avait même abandonné ses drapeaux ; faute grave qu'il devait payer de sa tête.

M. Blanchard allait quitter cette retraite, lorsqu'un jeune professeur, chassé de Paris par la terreur, vint s'y réfugier. Cette circonstance détermina le bon prêtre à rester quelque temps encore, afin de consoler et de rassurer le jeune fugitif.

Selon une opinion très-probable, un traître découvrit la retraite du saint prêtre. Le 3 juin, par une nuit sombre, une troupe de démocrates envahit subitement la ferme. Deux jeunes gens veillaient à l'entour de la maison, afin de donner l'éveil en cas de danger ; mais la marche de cette troupe avait été si paisible, si habilement dissimulée, que ces jeunes gens ne s'en aperçurent pas. Ils avaient pris le bruit de leurs pas pour celui d'une voiture de cultivateur. L'un d'eux fut arrêté, et l'autre eut peine à se sauver en jetant un cri d'alarme.

La ferme fut fouillée par les démocrates dans tous les coins et recoins, tous ceux qui s'y étaient cachés furent saisis, à l'exception de M. Blanchard. Il s'était jeté à demi vêtu sous un cuveau et n'avait pas été découvert.

Déjà le signal du départ avait été donné et la troupe infernale abandonnait la ferme, lorsque le traître qui l'avait conduite revint sur ses pas et rentra dans la maison.

M. Blanchard, qui se trouvait mal à l'aise sous son cuveau, s'était mis en liberté, croyant n'avoir plus rien à craindre. Il se jeta précipitamment entre un coffre et une muraille ; mais ses pieds qui dépassaient le trahirent, et il fut reconnu. Dois-je le dire ? Le traître qui a conduit la troupe, qui a découvert le bon prêtre, était un de ses propres parents. Mais le crime de ce nouveau Judas ne devait pas rester longtemps impuni ; une maladie étrange, inconnue, le tortura pendant dix-huit mois ; et, quand il mourut, son corps, devenu tout noir, ressemblait à celui d'un damné.

V.

M. Blanchard est incarcéré à Langres. — Ce qu'il fait dans sa prison. — Son procès. — Sa condamnation. — Désolation de sa vieille mère.

M. Blanchard était enfin découvert. A cette nouvelle, des cris de joie féroces et barbares éclatèrent dans la troupe des démagogues. On tomba sur lui, on lui lia les mains derrière le dos, on lui mit une corde au cou, puis on le traîna les pieds nus à travers les pierres, les ronces et les épines jusqu'à Langres. En entrant dans cette ville, les cris redoublèrent, les tambours battirent aux champs, on eût dit que les patriotes venaient de remporter une grande victoire, tant ils étaient dans la joie. Au milieu de cette scène tumultueuse, le digne prêtre paraissait calme et ferme ; il ne laissait échapper aucune plainte.

On le jeta dans une prison. Ses jambes étaient toutes sanglantes et déchirées par les pierres et les épines. Loin de chercher à adoucir les douleurs cuisantes de ses blessures, il les augmentait encore par la pratique volontaire de rudes mortifications. On raconte qu'ayant reçu le lendemain de son incarcération la visite de ses parents, il ne voulut pas leur permettre d'arracher les épines qui étaient restées dans ses plaies : « Non, non, leur dit-il, laissez-les ; ce sont de petites douleurs auxquelles il faut bien s'habituer. »

Dans une chambre voisine de la sienne se trouvait un prêtre, prisonnier comme lui. En élevant la voix, ils pouvaient se faire entendre mutuellement à travers la muraille. D'autre part, ouvrant chacun de leur côté la petite fenêtre de leur cellule, ils enjambaient le mur, et, se tenant assis à califourchon, ils pouvaient non-seulement se parler, mais se voir et réciter ensemble leur office. M. Blanchard avait encore une consolation bien précieuse : chaque jour il offrait le saint sacrifice dans sa chambre et personne ne s'y opposait.

Son procès ne tarda pas à s'instruire. On ne voulut pas le condamner sans entendre des témoins, on en fit donc venir plusieurs : une des plus gráves dépositions fut qu'on l'avait vu confesser des femmes à Corgirnon, et dire la messe dans une maison de ce village ! L'humbre prêtre parut devant ses accusateurs avec calme et dignité ; il répondit à toutes les demandes avec une fermeté héroïque. Les juges, visiblement émus, cherchaient à le sauver ; les démagogues s'en aperçurent ; aussitôt des cris furieux, accompagnés de gestes menaçants, s'élevèrent dans la salle : « Vous voulez le sauver ; vos têtes répondront de la sienne. » Les juges intimidés n'osèrent résister, et l'innocent fut condamné.

Le texte de cette condamnation a été retrouvé au greffe de Chaumont. On ne sera pas fàché, je pense, de le connaître. On verra pour quel crime on condamnait à mort à cette époque.

« Le tribunal déclare : 1º que les faits de désobéissance à la loi du 24
« février (loi du recrutement), de révolte, d'émeute et d'attroupement
« contre-révolutionnaire à l'époque et à l'occasion du recrutement dans
« la paroisse de Corgirnon, sont constants ; 2º que Nicolas Blanchard,
« prêtre, et Hubert Rossignol sont convaincus d'être les chefs et insti-
« gateurs de ces révoltes et attroupements.

« En conséquence, le tribunal ordonne : 1º que, conformément à la
« loi du 10 mai dernier et du 19 mars précédent, lesdits Nicolas Blan-
« chard et Hubert Rossignol seront, dans les vingt-quatre heures, livrés
« à l'exécuteur des jugements de ce tribunal, mis à mort, et leurs biens
« confisqués au profit de la République. »

Que M. Blanchard ait cherché à exciter des révoltes, rien n'était plus faux assurément ; mais peu importait aux démagogues, leur fureur était satisfaite et ils triomphaient. Dans la joie de leur triomphe, ils ordonnèrent qu'on imprimât à six cents exemplaires cette glorieuse sentence et qu'on l'affichât dans autant de communes. Ils voulaient répandre au loin la terreur, et la terreur en effet régnait partout.

Seul, M. Blanchard n'était pas intimidé et conservait toute la sérénité de son âme. Quand il entendit la sentence qui le condamnait à mort, il l'accueillit comme une faveur : *Deo gratias*, gràces à Dieu, répondit-il.

A la nouvelle de cette condamnation, le prêtre, qui était en prison avec lui, ne pût retenir ses larmes et ses sanglots, il en était atterré. Mais bientôt il entendit la voix de l'intrépide confesseur qui, avec son calme et sa gaieté ordinaire, l'invitait à réciter son office. « Eh quoi ! lui dit son compagnon, comment pouvez-vous conserver ce calme et cette liberté d'esprit à la veille de la mort ? » — « Eh ! mon ami, est-ce que je ne sais pas qu'un léger moment de tribulation procure un poids éternel de gloire ? » Puis il se mit à réciter son office comme à l'ordinaire, avec le même sang-froid, la même attention, le même recueillement.

Cependant, la vieille mère de M. Blanchard, ayant appris la condamnation de son fils, s'était traînée jusqu'à la porte de la prison. Cette pauvre femme, fondant en larmes, poussant des cris lamentables, demandait avec instance qu'on lui permît de voir son fils et de l'embrasser pour la dernière fois ; mais les gardes impitoyables repoussaient cette malheureuse mère avec brutalité et l'accablaient d'injures. Cette scène déchirante se prolongea durant plusieurs heures, sans que la dureté de ces hommes féroces se laissât fléchir. Enfin, une dame charitable, ayant aperçu cette mère désolée, la prit dans ses bras et l'emmena chez elle, où elle s'efforça de calmer sa douleur.

VI.

Lettre d'adieux de M. Blanchard. — Son assignation à un ancien capucin. — Sa mort héroïque. — Faits merveilleux.

L'exécution devait suivre de près la sentence. M. Blanchard profita du peu de temps qui lui était laissé pour se préparer à la mort et écrire à ses parents une lettre d'adieux. Cette lettre est digne d'un martyr ; on ne la lira pas sans édification et sans attendrissement.

« Mon cher père et ma chère mère, mes frères et sœurs, beaux-frères
« et belles-sœurs, et tous mes autres parents et amis, ainsi que tous
« ceux qui prennent part à ma position actuelle, je vous demande très-
« humblement pardon du chagrin que je vous cause aujourd'hui. Mais
« c'est la Providence qui a tout conduit. C'est à nous à faire notre devoir,
« à ne rien faire jamais contre notre conscience ; ensuite elle dispose
« comme elle veut de nos jours qu'elle tient entre ses mains. La mort
« qu'elle exige que je subisse aujourd'hui, à la fleur de mon âge, doit lui
« être un sacrifice plus agréable, que si je ne mourais que dans un âge
« très-avancé. Ma vie sera moins chargée de péchés ; il est vrai que je
« ne mérite pas même le pardon de ceux que j'ai commis, parce qu'ils
« sont en très-grand nombre ; mais il est vrai aussi que Dieu l'a promis
« à tout pécheur, qui revient droit à lui, sincèrement, en quelque temps
« que ce soit, et j'espère de lui cette grâce pour moi.

« Ce genre de mort ne doit point vous faire de déplaisir ni de déshon-
« neur. Vous seriez obligés tous de combattre jusqu'à la mort, si le Tout-
« Puissant l'exigeait de vous ; je ne suis pas meilleur que mes pères les
« anciens martyrs, ni vous non plus. Vous serez toujours récompensés,

« soit dans ce monde, soit dans l'autre, de la peine que vous souffrez à
« mon occasion, à condition que les premiers jours de douleur passés
« vous vous réjouirez dans la suite.

« Je prie mes frères et sœurs de rester unis toute leur vie... qu'ils ne
« suivent jamais la Constitution dans ce qui est contraire à la religion
« catholique, apostolique et romaine. Qu'ils ne communiquent jamais
« avec les *intrus* dans la prière, parce que ce qu'ils enseignent est
« mauvais Qu'ils instruisent leurs enfants dans la croyance romaine,
« hors de laquelle il n'y a pas de salut. Ne vous laissez pas épouvanter
« par cette puissance qui fait maintenant tout trembler ; elle n'est que
« de chair. Mais ayez bien attention de ne point troubler l'ordre
« public.

« Du reste, je ne vous laisse point de bien ; peut-être que si vous
« en aviez, vous vous perdriez. Si mon portefeuille est retrouvé, il s'y
« trouvait quarante-six francs que je destinais à ceux qui en avaient le
« plus besoin. Si personne ne les a pris, on pourra les faire passer aux
« gens de Corgirnon... Nous nous recommandons à vos prières, mon
« co-patient (Hubert Rossignol) et moi ; nous ne vous oublierons pas
« non plus. Je vous prie d'assurer tous ceux qui me veulent du mal, ou
« qui m'en ont fait, que je leur pardonne de bon cœur, et que je prierai
« pour eux dans le paradis, où j'espère aller bientôt. »

BLANCHARD, prêtre.

Le 12 juin était arrivé ; c'était le jour fixé pour le supplice. La ville de
Langres presque entière était plongée dans la consternation et protestait
par un morne silence contre le crime qui allait se commettre dans son
sein. Les patriotes seuls s'agitaient dans les rues désertes et poussaient des
cris sinistres qui contrastaient horriblement avec le deuil général.
M. Blanchard conservait toujours son calme habituel. Il récita son
office comme la veille, puis attendit dans le recueillement et la prière
qu'on vînt le chercher. Deux prêtres lui furent envoyés pour l'assister ;
c'étaient deux prêtres jureurs et constitutionnels ; la Convention n'en
aurait pas souffert d'autres. M. Blanchard refusa leur ministère. La
question du serment fut agitée ; le digne confesseur répondit victorieu-
sement à ses adversaires, mais sans les toucher.

L'un des deux prêtres jureurs était un ancien capucin, nommé le père
Basile, qui avait été gardien de son couvent. Il suivit le martyr au lieu
du supplice ; sans égards pour un homme qui marchait à la mort, il ne
cessait de le harceler par des railleries piquantes et des saillies pleines
de malice. Il lui demandait, en riant, combien il avait perdu d'âmes.
M. Blanchard ne répondait plus ; mais quand on fut arrivé au pied de
l'échafaud, tout à coup il se retourne et lui dit : « Eh bien ! puisque vous
refusez de me croire, vous verrez par vous-même, dans quarante jours,
la vérité de ce que j'avance ; je vous attends à ce terme. » Ces paroles

furent prononcées avec tant de fermeté et d'assurance que le capucin en fut interdit.

Monté sur l'échafaud, le prêtre courageux voulut adresser la parole au peuple qui était accouru à son supplice : « Je pardonne, dit-il, d'une « voix forte, à ceux qui me font mourir, et je meurs sans regret. J'ai « toujours respecté les lois civiles, tant qu'elles n'ont pas blessé ma « conscience. Alors, j'ai pensé qu'il vaut mieux obéir à Dieu qu'aux « hommes. Souvenez-vous, vous tous qui m'écoutez, que le premier « comme le plus saint de nos devoirs, est de vivre dans la religion ca- « tholique, apostolique et romaine, dans laquelle vous êtes nés, et de « mourir, s'il le faut, pour elle, etc. »

Mais ce discours n'était pas du goût des révolutionnaires. Des vociféra- tions, des roulements de tambours couvrirent la voix du martyr et il lui fallut se taire.

A côté de M. Blanchard était Hubert Rossignol qui avait été condamné en même temps que lui. C'était un jeune homme naturellement doux et bon, mais timide; la pensée de la mort l'accablait. Une des plus vives sollicitudes du bon prêtre avait été de le préparer à bien mourir; dans la prison et jusqu'au dernier moment, il ne cessa de l'encourager, de le ranimer par de pieuses exhortations : « Allons, mon jeune ami, lui disait- il, du courage ! voyez-vous là-haut ce beau ciel, c'est là que ce soir nous souperons avec les anges. » Mais telle était la frayeur qui s'était emparée de cette nature faible et pusillanime que la vie s'en était échappée, dit- on, avant que le fer homicide la touchât.

Les apprêts de la mort commencèrent pour M. Blanchard, et il les subit courageusement. On lui coupa les cheveux, on lui lia les mains, sans qu'il laissât apercevoir le moindre trouble ni la moindre crainte. Au signe qu'on lui fit, il s'étendit sur la planche fatale, toujours ferme et toujours calme. Mais quand on commença à l'attacher, il paraît qu'on le vit pâlir. Ce moment de défaillance fut court; avant que la guillotine le frappât, l'intrépide confesseur avait retrouvé sa sérénité.

La vertu de M. Blanchard reçut sur-le-champ même un éclatant hom- mage d'estime et de vénération. A peine avait-il cessé de vivre, que la foule se précipita sur ses dépouilles et se les disputa comme des reliques. Les uns trempaient des linges dans son sang; d'autres lui coupaient des mèches de cheveux, d'autres enlevaient quelques lambeaux de ses habits. La crainte des révolutionnaires ne put retenir cet élan, et ceux- ci n'osèrent eux-mêmes s'y opposer.

Le corps de M. Blanchard fut enseveli dans un ancien et vaste cime- tière qui aujourd'hui fait partie des jardins des prêtres de Marie, de ceux du presbytère et des religieuses dominicaines. En 1815 et 1816, on pra- tiqua des fouilles dans cet endroit, et il paraît qu'on découvrit un sque- lette dont la tête reposait sur le milieu du corps.

Selon toute probabilité, c'était le corps du martyr. Mais ces restes précieux furent jetés pêle-mêle avec une multitude d'autres ossements, de sorte qu'il n'est plus possible de les reconnaître.

On se souvient de l'assignation de M. Blanchard au capucin ; elle ne fut pas vaine. Quarante jours après, le capucin fut trouvé mort dans sa chambre d'un coup d'apoplexie sanguine.

Que faut-il penser de ce fait? Un rayon de la prescience divine avait-il soudain illuminé l'intelligence du martyr et lui avait-il révélé l'avenir? Il y a tout lieu de le croire. Du reste, le fait est constant; il a été attesté par un grand nombre de témoins et on ne peut guère le révoquer en doute. On raconte encore d'autres faits également merveilleux, mais qui sont moins certains et que je ne donne qu'avec réserve. On dit que le jour même où le vénérable prêtre monta à l'échafaud, on entendit dans les airs un concert de voix mélodieuses qui entonnèrent solennellement le *Te Deum*, sans qu'on pût savoir d'où venaient ces voix. On dit encore qu'on vit assez longtemps, pendant la nuit, des flammes mystérieuses voltiger à l'entour de son tombeau. Dieu aurait-il voulu par ces signes extérieurs manifester aux hommes la sainteté de son fidèle serviteur, et selon la parole de l'Écriture, rendre son sépulcre glorieux? Il est permis de le penser. Mais quand on n'admettrait pas l'authenticité de ces merveilles, la foi ferme et courageuse de M. Blanchard, la générosité de son zèle, l'héroïsme de sa mort suffisent bien pour lui assurer, dans un cœur catholique, un droit éternel à un pieux respect et à une sainte admiration.